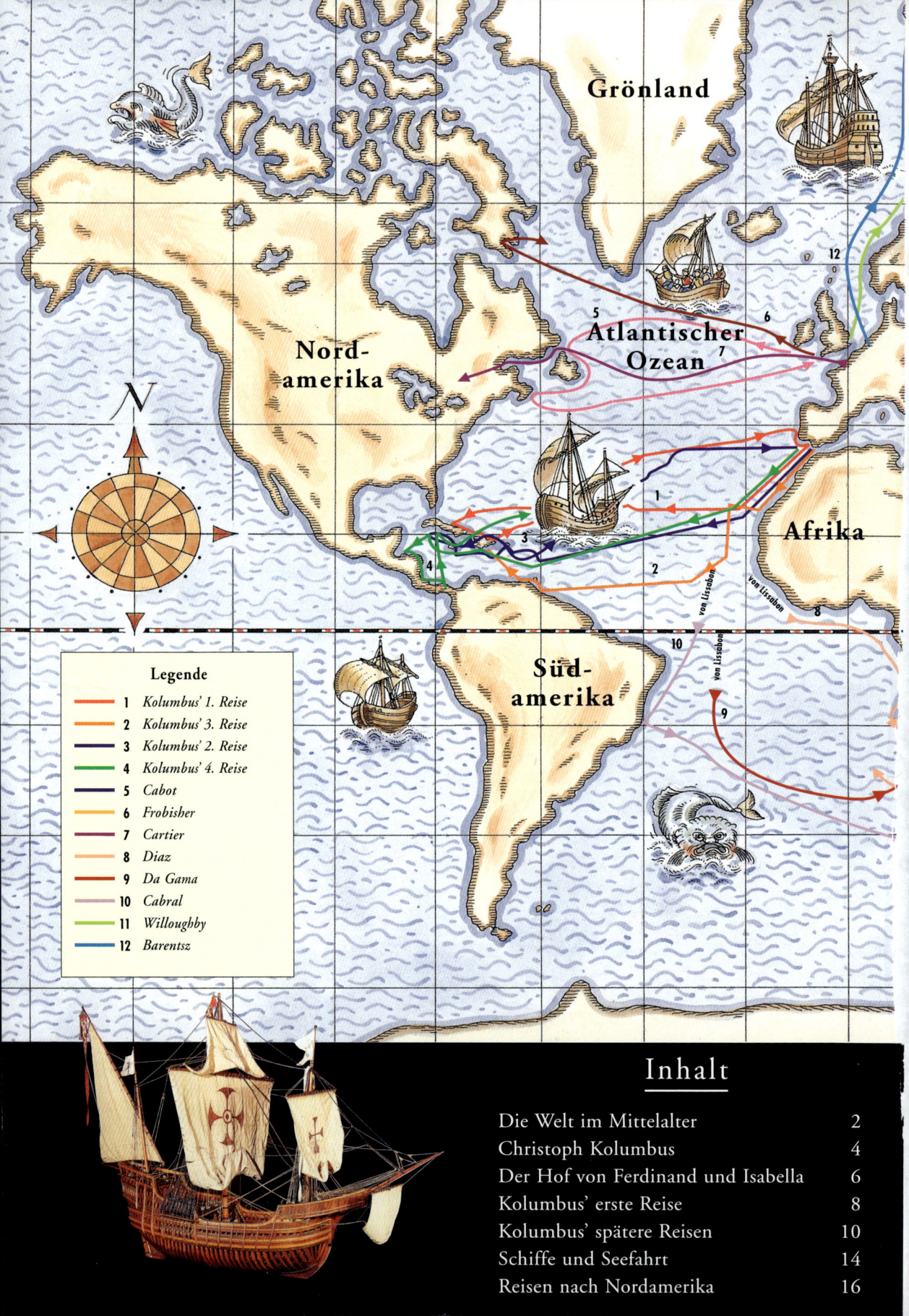

Grönland

Nord-amerika

Atlantischer Ozean

Afrika

Süd-amerika

N

12

5
6
7

1

2

3

4

10

9

8

von Lissabon
von Lissabon
von Lissabon

Legende

1		*Kolumbus' 1. Reise*
2		*Kolumbus' 3. Reise*
3		*Kolumbus' 2. Reise*
4		*Kolumbus' 4. Reise*
5		*Cabot*
6		*Frobisher*
7		*Cartier*
8		*Diaz*
9		*Da Gama*
10		*Cabral*
11		*Willoughby*
12		*Barentsz*

Inhalt

Die Welt im Mittelalter	2
Christoph Kolumbus	4
Der Hof von Ferdinand und Isabella	6
Kolumbus' erste Reise	8
Kolumbus' spätere Reisen	10
Schiffe und Seefahrt	14
Reisen nach Nordamerika	16

Colin Hynson

Kolumbus

und andere Entdecker der Neuzeit

Russland

Europa

China

Indien

Indischer Ozean

Australien

Antarktis

Die Erkundung Nordamerikas	18
Die Erforschung Afrikas	20
Indien und der Indische Ozean	24
Rund um Russland – die Nordostpassage	28
Entdecker der Neuzeit	30
Schon gewusst ...?	32
Register	33

Die Karte zeigt die Reiserouten von Kolumbus und anderen Entdeckern der Neuzeit.

Die Welt im Mittelalter

Das Bild, das sich die Menschen im Mittelalter von der Welt machten, unterscheidet sich stark von unserem heutigen. Die Ränder der damals bekannten Welt galten als unüberwindbar: Schiffe verschwanden angeblich für immer in den Tiefen des Ozeans, und im Süden sollte sich eine unüberwindbare, heiße Zone befinden. Diese Vorstellung sollte von zwei Männern grundlegend verändert werden: Christoph Kolumbus, der nach Westen segelte und Amerika entdeckte, und Vasco da Gama, der nach Osten segelte und über das Kap der Guten Hoffnung einen Seeweg nach Indien fand.

Die Kirche im Mittelalter

Im Mittelalter hatte die Kirche eine sehr starke Stellung und nahm Einfluss auf die Politik. Obwohl sich die Christen auch untereinander nicht einig waren, verband sie der Hass gegen alle Ungläubigen. Sie hielten es für ihre heilige Pflicht, Ketzer und Nicht-Christen zu unterwerfen und zu bekehren.

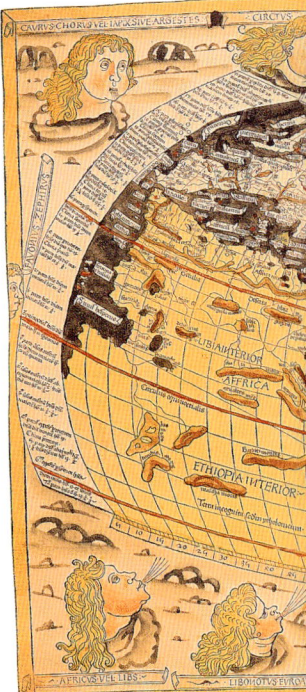

Die Kreuzzüge

Papst Urban II. rief 1095 die Christen auf, gegen die Muslime zu kämpfen und die heilige Stadt Jerusalem zu erobern. Zwischen 1095 und 1291 fanden sieben Kreuzzüge statt. 1099 wurde Jerusalem eingenommen und erst 1187 von Sultan Saladin zurückerobert.

Fabeln von seltsamen Wesen

Weil die Europäer kaum etwas über die anderen Weltgegenden wussten, stellten sie sich die Bewohner ferner Länder als fantastische Fabelwesen vor: Menschen mit Hundegesichtern, Menschen ohne Kopf, die ihr Gesicht auf der Brust trugen, oder einäugige Riesen.

Gewürzhandel

Neben Seide waren Gewürze – z. B. Muskatnüsse (Abbildung) – die wichtigsten Güter, die aus Asien eingeführt wurden. Sie waren u. a. deshalb von Bedeutung, weil Fleisch – wenn es nicht mit Salz haltbarer gemacht wurde – ohne geeignete Kühlmittel schnell verdarb. Die Gewürze sollten den ranzigen Geschmack überdecken.

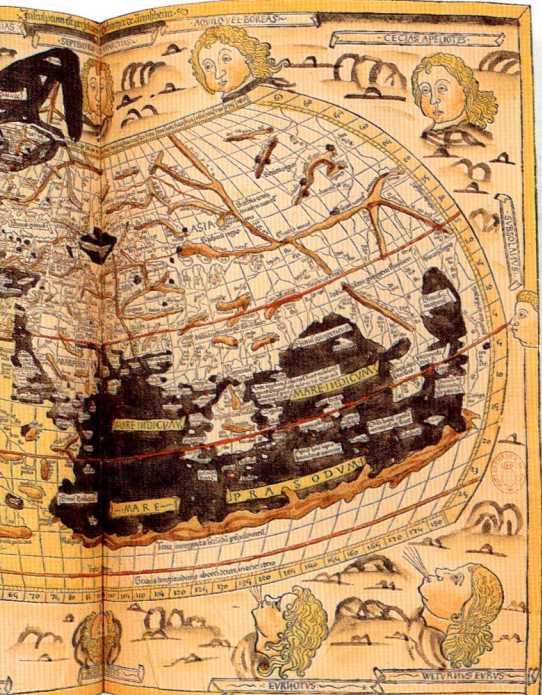

Das Bild der Erde

Diese Weltkarte wurde 1482 entworfen und zeigt, wie wenig die Europäer über die Erde wussten. Der südliche Teil Afrikas, der Pazifische Ozean, Australien und Amerika fehlen, und die Gestalt Asiens wurde auf der Grundlage von Mutmaßungen gezeichnet. Nur das Mittelmeer und die umliegenden Länder werden wirklichkeitsgetreu gezeigt. Sogar die Umrisse Schottlands und Irlands kommen dem modernen Betrachter sehr seltsam vor.

Seide

Der Seidenhandel war von großer Bedeutung. Die Seide wurde aus Asien auf dem Landweg von muslimischen Händlern nach Europa gebracht. Die Reichen kauften große Mengen dieser teuren Ware, sodass die Händler gut an diesem Geschäft verdienten.

Marco Polo

Manche Europäer reisten über weite Entfernungen. Marco Polo brach 1271 nach China auf, das er erst nach über drei Jahren erreichte. 1295 kehrte er nach Europa zurück. Seine Berichte von China dienten späteren Entdeckern als Anregung, obwohl viele seiner Zeitgenossen sie nicht glaubten.

Sir John Mandeville

Manche schrieben erfundene Reisegeschichten. In den 50er-Jahren des 14. Jh. erschien ein Buch über die Reisen eines Sir John Mandeville, in dem viele eigenartige Geschöpfe vorgestellt wurden – z. B. Menschen, die ihre riesigen Füße als Schattenspender benutzten. Die Leser glaubten, dies sei wahr.

Christoph Kolumbus

Das Gemälde auf dieser Doppelseite zeigt Christoph Kolumbus vor Antritt seiner historischen Reise, die 1492 in Palos (Spanien) ihren Anfang nahm. Sein Ziel war nicht, neue Länder zu entdecken, sondern eine Westroute nach China und Indien zu finden. Sie sollte einen direkten Handel mit diesen Ländern ermöglichen, ohne auf muslimische Händler angewiesen zu sein.

Christoph Kolumbus
Cristoforo Colombo (deutsch: Christoph Kolumbus) wurde um 1451 als Sohn einer Genueser Weberfamilie geboren. Erst als Erwachsener lernte er lesen und schreiben. Wie viele Jungen aus Genua wurde er Seemann. 1476 wurde das Handelsschiff, auf dem er nach England unterwegs war, von einer Korsarenflotte angegriffen und erlitt vor der portugiesischen Küste Schiffbruch.

Erfahrener Seemann

Nach dem Schiffbruch blieb Kolumbus in Portugal. Er wohnte in Lissabon, heiratete, studierte eifrig Seekarten und fuhr häufig zur See. Er besuchte u. a. die Küste Westafrikas, England und Irland und behauptete, sogar nach Island gesegelt zu sein.

König Johann II. von Portugal

Während seiner häufigen Fahrten auf dem Atlantik gelangte Kolumbus zu der Überzeugung, dass es eine Westroute von Europa nach Asien geben müsse. 1484 bat er König Johann II. von Portugal vergeblich um Unterstützung. Die Portugiesen suchten nach einem Schifffahrtsweg, der um Afrika herum nach Asien führte.

Der Reichtum Indiens

Kolumbus nannte seinen Plan »die Indien-Unternehmung«. Für die Europäer seiner Zeit bedeutete »Indien« nicht nur Indien, sondern auch Japan, China, Indonesien und Südostasien, die man alle für sehr reiche Regionen hielt. Ausgehend von Marco Polos Berichten berechnete Kolumbus, dass Indien etwa 6240 km westlich von Europa lag. Tatsächlich ist dies ungefähr die Strecke zwischen den Küsten Europas und Amerikas.

Hernando de Talavera

Der König und die Königin von Spanien setzten eine Kommission ein, die aus Männern der Kirche, Astrologen und Gelehrten bestand und Kolumbus' Plan prüfen sollte. Ihr Leiter war Hernando de Talavera, der Beichtvater von Isabella. Diese Kirche (rechts) ist nach ihm benannt. Die Kommission riet der spanischen Krone 1490, Kolumbus' Gesuch abzuweisen.

Die spanische Inquisition

Die Inquisitoren verfolgten alle, die ihrer Ansicht nach der katholischen Lehre zuwiderhandelten. Die Verdächtigen wurden durch Folter zu Geständnissen gezwungen und die Verurteilten auf dem Scheiterhaufen verbrannt. Auch Juden wurden verfolgt und gezwungen, sich zum Christentum zu bekehren. Andernfalls mussten sie Spanien verlassen; der Befehl dazu erging am 31. März 1492, im Jahr, in dem Kolumbus Segel setzte.

– Zeittafel –

Um 1469
Geburt von Vasco da Gama

1476
Kolumbus erleidet Schiffbruch; danach lebt er acht Jahre in Portugal.

1484
Diego Cão fährt die westafrikanische Küste weiter hinunter als jeder andere Europäer vor ihm.

König Johann II. von Portugal weist Kolumbus' Bitte um Unterstützung ab.

1485
Kolumbus siedelt nach Spanien um und wendet sich an das spanische Königspaar.

Ferdinand und Isabella

Spanien war in mehrere Königreiche geteilt. Die beiden größten waren Kastilien und Aragon. Die Thronerbin von Kastilien, Isabella, heiratete Ferdinand, den Thronerben von Aragon. Nach ihrer Krönung regierten sie zusammen. Das geeinte Spanien unter Isabella I. und Ferdinand II. wurde sehr mächtig.

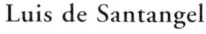

Luis de Santangel

Kolumbus brauchte Freunde am spanischen Hof, die vor dem Königspaar für sein Ansinnen eintraten. Einer seiner wichtigsten Verbündeten war der königliche Schatzmeister Luis de Santangel. Ohne seine Unterstützung wäre Kolumbus' Plan gescheitert.

Der Hof von Ferdinand und Isabella

Die Weigerung König Johanns II. von Portugal, seine Unternehmung zu finanzieren, muss für Kolumbus ein ziemlicher Schlag gewesen sein. Ein Jahr später zog er nach Spanien um, in der Hoffnung, dort mehr Interesse für seine Idee wecken zu können. Spanien und Portugal waren damals Rivalen auf der Suche nach einem Seeweg nach Indien. Kolumbus hoffte, diese Rivalität für die Verwirklichung seines Plans ausnutzen zu können. Allerdings glaubten viele Leute nicht, dass es eine Westroute geben könne. Ferdinand und Isabella mussten erst überzeugt werden, das ihnen sehr riskant erscheinende Unternehmen zu finanzieren.

Bedarf an Gold
Was Ferdinand und Isabella schließlich dazu bewog, Kolumbus' Reise zu finanzieren, war u. a. ihr hoher Bedarf an Gold – mehr noch als Gewürze und Seide. Der Krieg gegen die Mauren und ihr prunkvoller Lebensstil hatten Kosten verursacht, die die beiden kaum zu decken imstande waren.

Die Reconquista
Im 8. Jh. hatten die Mauren, Muslime aus Nordafrika, große Teile Spaniens erobert. Die Spanier wollten ihr Land wieder zu einem christlichen Land machen. Unter Ferdinand und Isabella wurde die Reconquista (»Wiedereroberung«) abgeschlossen: Im Januar 1492 musste sich mit dem Fall Granadas der letzte maurische Herrscher auf spanischem Boden ergeben.

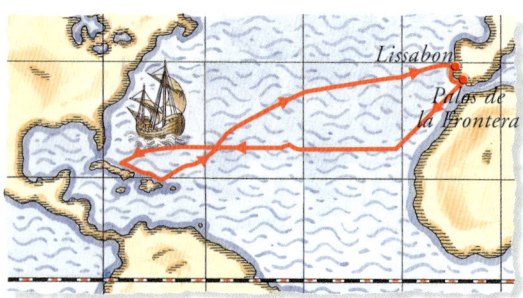

Kolumbus' erste Reise ▬▬▬

Kolumbus' erste Reise

Nachdem die Kommission unter Talavera lange beratschlagt hatte, riet sie 1487 dem spanischen Königspaar, Kolumbus nicht zu fördern. Dieser war sehr enttäuscht und überlegte, sich an den König von Frankreich und andere europäische Herrscher zu wenden. Spanien stellte in Aussicht, ihn eventuell zu einem späteren Zeitpunkt, nach Abschluss der Reconquista, zu unterstützen. Nach langjähriger Wartezeit kam es doch noch zum Vertrag mit Spanien: Kolumbus forderte den Rang eines Admirals des Ozeans. Er sollte zum Vizekönig und Statthalter sämtlicher Länder, die er entdecken würde, ernannt werden. Außerdem beanspruchte er zehn Prozent aller Schätze, die er mitzubringen hoffte. Mit drei Schiffen stach er am 3. August 1492 in See.

Land in Sicht!

Nach mehrmaligem falschem Alarm sichtete ein Seeman am 12. Oktober 1492, über zwei Monate nach ihrer Abreise aus Spanien, tatsächlich Land: eine Insel, die heute zu den Bahamas gehört. Kolumbus nannte die Insel San Salvador. Ihre Bewohner nannten sich Arawak, aber Kolumbus glaubte, in Indien zu sein, und bezeichnete sie als Indianer.

Drohende Meuterei

Als die Schiffe das offene Meer erreichten, wurden viele Seeleute nervös. Sie befürchteten, dass der Proviant nicht für die lange Reise reichen würde und dass sie Spanien nie mehr wiedersähen. Kolumbus verhinderte eine Meuterei und das Umkehren der Schiffe, indem er log und behauptete, dass sie dem Ziel wesentlich näher wären, als es tatsächlich der Fall war.

Furcht erregender Vulkan

Unterwegs nahmen die Schiffe auf den Kanaren frische Vorräte an Bord. Dabei erlebten die Seeleute am 24. August 1492 einen Vulkanausbruch. Kolumbus schrieb in sein Tagebuch, dass viele seiner Männer, denen die Reise Angst machte, durch den Ausbruch noch mehr in Furcht gerieten. Kolumbus versuchte, ihnen die Vulkantätigkeit zu erklären.

Die Schiffe des Kolumbus

Kolumbus nahm auf diese Fahrt drei Schiffe mit. Die Pinta und die Niña (von Martin Alonso Pinzón und einem von Kolumbus' Brüdern befehligt) – beides Karavellen (siehe Seite 13) – und die Santa Maria unter Kolumbus' Kommando. Letztere, eine Karacke, war größer als die beiden Karavellen, aber weniger wendig. Insgesamt hatten die drei Schiffe 90 Mann Besatzung.

Rückkehr nach Spanien

Kolumbus ließ nach dem Verlust der Santa Maria auf Hispaniola 39 Männer mit Vorräten und Munition für ein Jahr zurück. Die neue Kolonie wurde »La Navidad« genannt. Am 16. Januar 1493 nahm er Kurs auf Spanien. Am 18. Februar erreichte er nach einem schweren Sturm die Azoren, am 4. März Portugal. Am 15. März segelte Kolumbus nach Palos und wurde kurze Zeit später vom spanischen Königspaar in Barcelona feierlich empfangen.

Nach Kuba und weiter

Nach San Salvador und weiteren Inseln der Bahamas erreichte Kolumbus Kuba. Er war überzeugt, sich in China zu befinden, und schickte ein paar Männer, den Groß-Khan zu suchen, den sie natürlich nicht fanden. Dann ging es weiter nach Haiti, das Kolumbus Hispaniola

(»Kleinspanien«) taufte. Man vermutete dort reiche Goldvorkommen. An Heiligabend erlitt die Santa Maria auf einem Korallenriff vor der Küste Schiffbruch.

Ein neuer Kontinent

Später wurde auch Kolumbus klar, dass er nicht einen neuen Weg nach Ostasien entdeckt hatte. Nachdem er 1498 auf seiner dritten Reise Ureinwohnern Venezuelas begegnet war, schrieb er in einem Bericht an die spanischen Könige, dass er ein großes Festland gefunden hätte, das der Christenheit Freude und ihrem Glaube Zulauf bringen werde.

Schiffe für die Reisen

Während Kolumbus für seine erste Reise nur drei Schiffe zur Verfügung standen, erhielt er für seine zweite Fahrt von der spanischen Krone 17 Schiffe. So wichtig war es den Spaniern, sich die Westroute nach Asien zu sichern, die er angeblich entdeckt hatte. Später sank jedoch sein Ansehen. Auf seiner dritten Reise konnte er sechs und auf der vierten und letzten nur noch vier Schiffe mitnehmen.

– Zeittafel –

1488
Bartholomëu Diaz erreicht das Kap der Guten Hoffnung.

1490
Talaveras Kommission empfiehlt der spanischen Krone, Kolumbus nicht zu unterstützen.

1492
Kolumbus unternimmt seine erste Reise und erreicht die karibischen Inseln.

1493
Kolumbus kehrt nach Spanien zurück und bricht zur zweiten Entdeckungsfahrt auf.

Die Entdeckung Venezuelas

Kolumbus begann seine dritte Reise am 30. Mai 1498. Er suchte nach dem Festland, das seiner Vorstellung nach hinter den bisher entdeckten Inseln liegen müsste. Nachdem er am 31. Juli 1498 die Insel Trinidad entdeckt hatte, nahm er Kurs auf die Küste Südamerikas. Am 5. August 1498 ging er im heutigen Venezuela an Land. Am Orinoko-Delta begegnete er Indianern und erhielt Hinweise auf reiche Perlenvorkommen. Er glaubte, sich im äußersten Osten der Welt, nahe dem Paradies, zu befinden.

Kolumbus' spätere Reisen ...

Am Hof von Barcelona wurde Kolumbus von Ferdinand und Isabella mit allen Ehren empfangen. Er brachte etwas Gold, exotische Pflanzen, Papageien und sogar einige Indianer mit. König und Königin

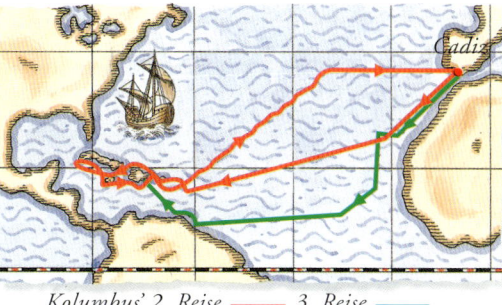

Kolumbus' 2. Reise ——— *3. Reise* ———

waren überzeugt, dass er in Indien gewesen war. Er wurde zum Vizekönig und Statthalter der »westindischen Inseln« und zum Admiral des Ozeans ernannt und sollte so bald wie möglich die nächste Expedition organisieren, um »Indien« zu erforschen und zu unter-

werfen. Die spanischen Könige befürchteten, dass ihnen die Portugiesen zuvorkommen könnten, indem sie ihre eigenen Schiffe schickten und das Land selbst beanspruchten. Kolumbus unternahm drei weitere Fahrten über den Atlantischen Ozean, aber keine war so erfolgreich wie die erste.

Kolumbus als Vizekönig

Auf seiner zweiten Reise steuerte Kolumbus La Navidad an und musste feststellen, dass die Anlagen zerstört und fast alle Spanier getötet worden waren. Im Januar 1494 ließ er einen neuen Stützpunkt (Isabela) auf Hispaniola bauen. Im März fanden die Spanier im Landesinnern Gold. Anschließend erkundete Kolumbus Kuba und Jamaika und kam fünf Monate später nach Isabela zurück. Kolumbus war zwar ein begabter Seemann, aber kein guter Herrscher. Den zahlreichen Konflikten in der neuen Kolonie war er nicht gewachsen. Im Juni 1496 kehrte er nach Spanien zurück – allerdings mit weitaus weniger Schätzen als versprochen.

Schiffbruch vor Jamaika

Die vierte und letzte Reise im Jahre 1502 war die schwierigste. Nach einem heftigen Sturm musste er infolge eines Schiffbruchs ein Jahr auf Jamaika verbringen. Einigen Besatzungsmitgliedern gelang es schließlich, auf kleinen Booten Hispaniola zu erreichen und Hilfe zu holen.

… Kolumbus' spätere Reisen

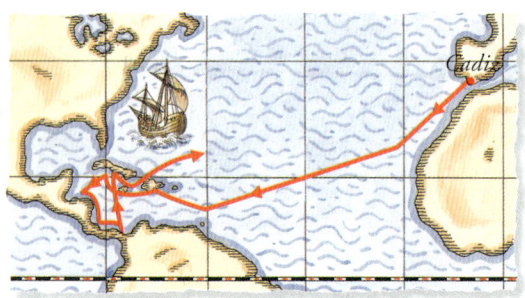

Kolumbus' 4. Reise ━━━

Ferdinand und Isabella blieben Kolumbus gewogen, obwohl sie mit der Zeit erkannten, dass er zwar ein großer Entdecker, aber kein fähiger Vizekönig war. Auf der 1498 unternommenen Reise musste Kolumbus feststellen, dass sich die zurückgelassenen Siedler inzwischen gegenseitig bekriegten. Die spanischen Könige schickten Francisco de Bobadilla nach Hispaniola, der dort für Ordnung sorgen sollte. Kolumbus wurde verhaftet und nach Spanien zurückgebracht, wo man ihn wieder freiließ. Er wurde mit Respekt behandelt, aber die Herrschaft über Hispaniola übertrug man einem anderen. Auch die Franzosen und Engländer begannen, die Neue Welt zu erkunden. Die spanischen Könige brauchten deshalb jemand, der an Ort und Stelle wirkungsvoll ihre Interessen vertrat.

Die Gier nach Gold
Da Kolumbus den erhofften Weg nach Indien nicht gefunden hatte, wollte er wenigstens neue Goldquellen ausfindig machen. An der Küste von Veragua in Panama errichtete er einen Stützpunkt, wurde jedoch von Indianern bald wieder vertrieben.

Besuch auf dem Festland
Kolumbus suchte selten das amerikanische Festland auf. Erst auf seiner dritten Reise ging er in Venezuela an Land. Auf seiner vierten Reise erkundete er die Küste Zentralamerikas. Er hoffte, die Straße von Malakka und damit den Weg nach Indien zu finden – doch ohne Erfolg.

Krankheit und Tod

Nach seiner vierten und letzten Reise kehrte Kolumbus im November 1504 sehr krank nach Spanien zurück. Nach dem Tod von Königin Isabella besuchte er König Ferdinand. Kolumbus wollte wieder als Vizekönig eingesetzt werden, aber der König lehnte dies ab. Kolumbus' Zustand verschlechterte sich rasch. Er schrieb am 19. Mai 1506 sein Testament und starb am folgenden Tag in Valladolid.

Kolumbus' Schiffe

Auf seinen Reisen bevorzugte Kolumbus einen bestimmten Schiffstyp, die Karavelle. Diese Schiffe waren leichter als Karacken (siehe Seite 9) und brauchten etwa 20 Mann Besatzung. Sie hatten zwei bis drei Masten und waren sehr manövrierfähig. Durch ihren geringen Tiefgang waren sie für die Erkundung von Küsten gut geeignet. Ihre kleine Größe hatte aber auch Nachteile. Sie konnten nur begrenzte Mengen an Proviant, Wasser und anderen Vorräten mit sich führen. Das war auf langen Reisen, auf denen Trinkwasser- und Nahrungsmittelvorräte nicht ohne weiteres ergänzt werden konnten, sehr problematisch. Spätere Entdecker wählten für ihre Reisen größere Schiffe (Karacken), weil sie mehr Stauraum boten.

Diego Kolumbus

An Kolumbus' frühen Reisen nahmen verschiedene Mitglieder der Familie teil. Seine Brüder Diego und Bartolomeo übernahmen zeitweise die Regentschaft über Hispaniola. Kolumbus' ältester Sohn Diego (links auf dem Bild) heiratete eine Verwandte des Königs. Nach dem Tod seines Vaters wurde Diego zum Admiral Westindiens und Statthalter von Hispaniola ernannt. Kolumbus' jüngerer Sohn Fernando war, als Dreizehnjähriger, auf der vierten Amerikareise dabei.

Schiffe und Seefahrt

Auf den frühen Entdeckungsreisen mussten die Seeleute nicht nur mit der schlechten Unterbringung und den mageren Vorräten an Wasser und Nahrung zurechtkommen (die dazu häufig auch noch verdorben waren), sondern auch mit der Vorstellung, ins Ungewisse zu fahren. Sie wussten kaum, wo ihr Ziel lag, noch, wann sie es erreichen würden. Deshalb ist es nicht erstaunlich, dass Meutereien für die Anführer und Offiziere solcher Expeditionen ein großes Problem darstellten. Heute können Seeleute mithilfe von präzisen Karten und Uhren sowie Satelliten die genaue Position feststellen. Im 15. und 16. Jh. war dies nicht so einfach.

Magnetkompass

Es war lebenswichtig, dass die Seeleute bei der Fahrt über den Atlantischen Ozean genau wussten, in welche Richtung sie fuhren. Bei klarem Wetter bestimmten sie die Richtung mithilfe der Sonne oder der Sterne. Oder sie verwendeten einen Magnetkompass. Der Erdmagnetismus bewirkt, dass eine in einem Wasserbecken schwimmende, magnetisierte Nadel immer nach Norden zeigt.

Koppelung

Wenn ein Seemann wusste, woher sein Schiff kam, wie schnell und in welche Richtung es fuhr und wie lange sie unterwegs waren, konnte er durch die so genannte Koppelung die zurückgelegte Strecke und die aktuelle Position ausrechnen. Durch Wind und Gezeiten waren die Ergebnisse dieser Berechnungen jedoch immer ungenau. Kolumbus beherrschte die Koppelung und galt daher als guter Navigator.

Astrolabium

Jeder Navigator verwendete damals dieses Instrument (links ein arabisches Astrolabium), mit dem bestimmt werden konnte, wie weit nördlich oder südlich des Äquators man sich befand. Dazu maß man die Entfernung zwischen dem Schiff und dem Polarstern oder der Mittagssonne. Anhand dieser Zahl konnte der Navigator die geografische Breite bestimmen.

Kreuzstab

Die geografische Breite wurde in dieser Zeit am einfachsten mit einem Kreuzstab oder Jakobsstab gemessen. Er bestand aus einem Längsstab mit Skala und einem verschiebbaren Querstab, der ebenfalls eine Skala trug. Der Kreuzstab wurde zwischen Sonne oder Polarstern und Horizont in Position gebracht. Am Längsstab las der Navigator den Winkel von Sonne oder Stern zum Horizont ab, aus dem er die Breite errechnen konnte. Da es gefährlich ist, zu lange in die Sonne zu sehen, erfand Kapitän John Davis 1595 einen Kreuzstab, der mit Spiegeln und Schatten arbeitete, sodass die Navigatoren nicht mehr ihr Augenlicht riskierten.

Zeitmessung

Damit der Navigator die Position des Schiffes berechnen konnte, musste er unbedingt wissen, wie spät es war. Matrosen wurden damit beauftragt, eine große Sanduhr zu beobachten (ein ähnliches Modell wie die Sanduhr rechts aus dem 17. Jh.). Wenn die obere Hälfte nach 30 Minuten leer war, wurde eine Glocke geschlagen, damit alle an Bord wussten, wie spät es war, und die Sanduhr umgedreht.

Quadrant

Außer einem Astrolabium besaß Kolumbus sicher auch einige Quadranten. Als Ferdinand Magellan 1519 zu seiner berühmten Reise um die Welt aufbrach, nahm er sieben Astrolabien und 21 Quadranten mit. Quadranten erfüllen im Prinzip den gleichen Zweck wie Astrolabien. Zum Messen wird ein Arm am Horizont ausgerichtet, während der bewegliche Arm auf Sonne oder Polarstern zeigen muss. Der Winkel zwischen den beiden Armen wird dann zur Berechnung der Schiffsposition herangezogen. Es konnte aber nur bei ruhiger See gemessen werden.

John Cabot

Als Heinrich VII. von England von den Entdeckungen des Kolumbus gehört hatte, wandte er sich an den Genueser Seefahrer John Cabot, der behauptete, Asien über den Nordatlantik erreichen zu können. Auf seiner ersten Reise im Jahr 1497 kam er nach Kanada und wurde nach seiner Rückkehr wie ein Held gefeiert. Auf der zweiten Reise im Jahr 1498 aber verschwanden Cabot und seine Mannschaft spurlos.

Die Nordwestpassage

Als bekannt wurde, dass das Land im Westen nicht Asien war, begann man nach einer Route zu suchen, die um den neuen Kontinent herumführte. Magellan fand den Weg um die Südspitze; deshalb wollten die Franzosen und Engländer einen nördlichen Weg erkunden.

– Zeittafel –

1494

Im Vertrag von Tordesillas teilen Spanien und Portugal die nichtchristliche Welt unter sich auf.

1497

Vasco da Gama nimmt Kurs auf Indien.

John Cabot startet von England aus, um einen nordwestlichen Seeweg nach Asien zu finden.

1498

Vasco da Gama erreicht Indien.

Kolumbus tritt seine dritte Reise an.

Die Inuit

Die Menschen, die Frobisher in Kanada antraf, nannten sich Inuit; das bedeutet Menschen. Die südlichen Nachbarn der Inuit nannten sie dagegen Eskimos, »Rohfleischesser«. Für Frobisher waren sie nur Wilde; dabei hatten sie bewundernswerte Überlebensstrategien in einer der unwirtlichsten Regionen der Erde entwickelt.

Gefährliche Gewässer

Entdecker, die nach der Nordwestpassage suchten, merkten bald, wie riskant ihre Reise war. Je weiter sie nach Norden kamen, desto kälter wurde es. Seile und Segel froren, und die Schiffe liefen ständig Gefahr, von Eisbergen gerammt oder im Packeis eingeschlossen zu werden.

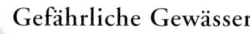

Kampf mit den Inuit

Frobishers Mannschaft kämpfte gegen die Inuit, die fünf seiner Männer verschleppt hatten. Frobisher wollte einen Inuit in seinem Kajak fangen. Er lockte ihn zu seinem Schiff, indem er eine Glocke schlug und dann den Mann ergriff. Nach seiner Rückkehr schenkte er den Unglücklichen mitsamt seinem Kajak dem König von England.

Reisen nach Nordamerika

Einer der Gründe, warum die spanischen Könige einen fähigeren Mann als Kolumbus für die neu entdeckten Länder brauchten, war, dass sie ihre Eroberungen durch andere europäische Mächte, besonders Frankreich und England, bedroht sahen. Um die europäischen Rivalen abzuschrecken, schickte Spanien Schiffe und Waffen, gründete Kolonien und setzte ehrgeizige Gouverneure ein. So mieden Franzosen und Engländer die spanischen Besitzungen fürs Erste, da eine Eroberung zu aufwendig gewesen wäre. Stattdessen wandten sie sich Nordamerika zu, da noch kein europäischer Staat Territorien auf diesem Teil des Kontinents für sich beanspruchte.

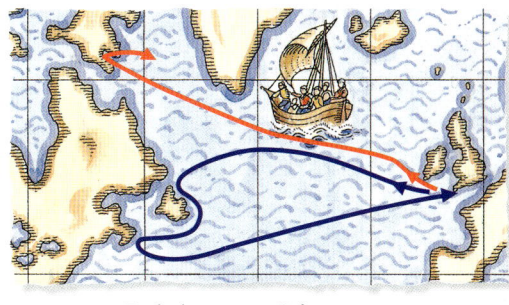

Frobisher ▬▬▬ Cabot ▬▬▬

Sir Martin Frobisher
Dieses Bild zeigt ein Gefecht zwischen Frobishers Männern und kanadischen Inuit. Frobisher war nach Kanada gesegelt, um nach der Nordwestpassage zu suchen. Im Juni 1576 verließ er London mit drei Schiffen. Eines davon sank vor Grönland, ein zweites kehrte nach der Meuterei der Mannschaft um. Frobisher erreichte mit dem dritten die Baffin-Insel und glaubte fälschlicherweise, den nördlichen Seeweg nach Indien gefunden zu haben.

Die Erkundung Nordamerikas

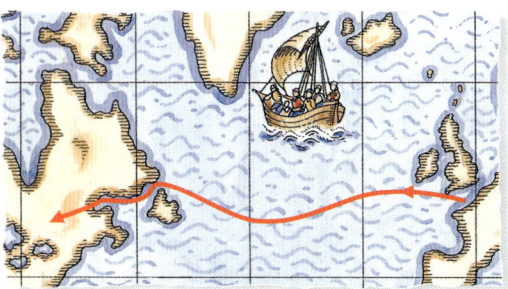

Cartier —

Die Spanier und Portugiesen merkten bald, dass die Länder, die sie erobert hatten, nicht zu Indien gehörten und dass es sehr schwierig sein würde, um Südamerika herum nach Asien zu segeln. So begannen sie, in Südamerika nach Dingen zu suchen, die Reichtum bringen könnten. Die Franzosen und Engländer sahen sich in Nordamerika ebenfalls nach wertvollen Gütern um. Am meisten begehrten die europäischen Eroberer und Entdecker Gold. Der französische Entdecker Jacques Cartier suchte entlang der kanadischen Küste nach der Nordwestpassage, bis ihm die an der Küste ansässigen Huronen erzählten, das Land im Westen sei reich an Gold und Rubinen. Cartier begab sich auf eine erfolglose Schatzsuche.

Pelzhandel

Die französischen Entdecker Kanadas befassten sich zunehmend mit dem Pelzhandel. Die Indianer wurden für erjagte Pelze und ihre Dienste als Vermittler und ortskundige Führer u. a. mit Alkohol und Waffen bezahlt, die nun auch in den Kämpfen zwischen den Stämmen eingesetzt wurden. Die Engländer interessierten sich vorerst stärker für die Küstengewässer Nordamerikas. John Cabot berichtete, dass er Fischschwärmen begegnet war, die so dicht waren, dass sie die Fahrt seines Schiffes gebremst hätten. Bald kamen europäische Fischer und fischten vor Neufundland.

Katzengold

Als Frobisher zur Baffin-Insel kam, fand er Stücke von schwarzem Stein, die er für Gold hielt. 1577 kehrte er hierher zurück und sammelte 200 Tonnen von dem Gestein. Ein Jahr später nahm er auf der dritten Reise 30 Minenarbeiter aus Cornwall mit. Dank reicher Investoren hatte er dieses Mal 15 Schiffe mit dabei. Er brachte 1000 Tonnen Gestein nach England, das sich dort aber als Pyrit herausstellte – so genanntes Katzengold. Frobisher war ruiniert und seine Investoren hatten ihr Geld verloren.

Kolonisierung

Um die von ihnen beanspruchten Gebiete unter Kontrolle zu behalten, gründeten die Europäer Kolonien. Dank dieser Siedlungen konnte der Handel ausgebaut werden, mit dem die Entdecker begonnen hatten. Französische Niederlassungen waren Port Royal in Neuschottland (1605) und Quebec in Neufrankreich (1608). Letztere diente als Stützpunkt für den Pelzhandel. Die Engländer legten Siedlungen in Neufundland an, in denen für England bestimmter Kabeljau getrocknet und eingesalzen wurde.

Die Suche nach der Nordwestpassage

Harte klimatische Bedingungen waren nicht die einzige Schwierigkeit, die englische und französische Entdecker auf der Suche nach der Nordwestpassage entmutigte. Immer wieder geschah es, dass sich die vermeintliche Wasserstraße nach Indien als Sackgasse entpuppte. Jacques Cartier hielt 1534 die Mündung des Sankt-Lorenz-Stroms für die Passage. Frobisher erging es 1576 ähnlich; er hielt eine tiefe Bucht der Baffin-Insel, die nach ihm benannt wurde, irrtümlich für den Seeweg nach Indien. Erst 1903 sollte die Nordwestpassage tatsächlich erfolgreich durchfahren werden.

– Zeittafel –

1498
John Cabot bricht zu seiner zweiten Reise auf.

1499
Vasco da Gama kehrt nach Portugal zurück.

1500
Pedro Cabral entdeckt Brasilien.

Columbus wird festgenommen und zurück nach Spanien gebracht.

1502
Vasco da Gama unternimmt eine zweite Reise nach Indien, um das portugiesische Handelsmonopol zu sichern.

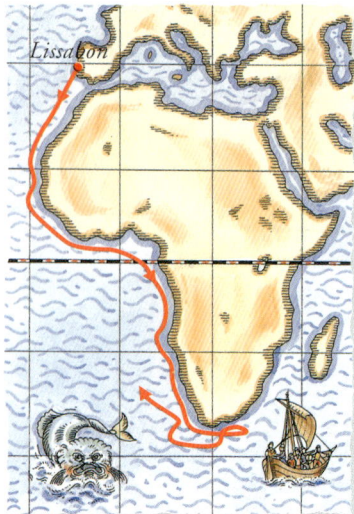

Diaz —

Die Erforschung Afrikas ...

Portugal und Spanien waren im 7. Jh. von den Mauren erobert worden. Im Jahre 1249 hatten die Portugiesen die muslimischen Eroberer endgültig vertrieben und König Johann I. von Portugal machte sich auf, um seinerseits Teile Marokkos einzunehmen. Die Lage der portugiesischen Häfen an der Atlantikküste begünstigte die portugiesischen Entdecker, die 1419 Madeira und 1431 die Azoren erreichten und 1445 Kap Verde passierten, das westlichste Kap Afrikas. Um 1482 waren portugiesische Seefahrer bereits über den Äquator gesegelt und hatten die Mündung des Kongo erreicht.

Begegnungen mit Afrikanern

Bei ihren ersten Kontakten mit den Afrikanern staunten die Portugiesen über die fremde Kultur. Kleidung, Gebrauchsgegenstände und Kunstwerke sahen in Afrika so ganz anders aus als in Portugal – wie z. B. diese Bronzefigur, Werk eines Künstlers der Ashanti, die dort lebten und leben, wo der moderne Staat Ghana liegt. Die Afrikaner waren vermutlich über die ersten Portugiesen, die sie zu sehen bekamen, ebenso erstaunt wie über ihre fremdartigen Schiffe.

Heinrich der Seefahrer

Heinrich der Seefahrer (1349–1460) war der dritte Sohn von Johann I. Er leitete die portugiesische Erforschung der westafrikanischen Küste. Als frommer Christ träumte er von einem Kreuzzug, der die Muslime aus Nordafrika vertreiben würde. Die Entdeckung eines Seewegs nach Indien hätte seiner Ansicht nach die Finanzierung des Kreuzzugs ermöglicht und gleichzeitig die Vormachtstellung muslimischer Kaufleute im Handel mit Gold und Gewürzen geschwächt.

Die Legende von Priester Johannes

Heinrich der Seefahrer hoffte in Afrika Verbündete für den Kampf gegen die Muslime in Nordafrika zu finden, u. a. den sagenumwobenen Priester Johannes. Von diesem legendären König wurde seit den Kreuzzügen berichtet, er hätte ein Reich irgendwo in Afrika. Anderen Legenden zufolge sollte sich dieses Reich allerdings in Asien befinden.

Die Völker Ostafrikas

In Ostafrika fanden die portugiesischen Entdecker eine völlig andere Welt als in Westafrika vor. Volk und Herrscher von Äthiopien waren christliche Kopten, also mögliche Verbündete. Andere Völker hatten ihre eigenen Götter. Die Ostafrikaner unterhielten Handelsbeziehungen mit den Arabern, die hier auch eigene Niederlassungen hatten, wie dieser Palast in Äthiopien (rechts). Anfang des 16. Jh. bis Mitte des 17. Jh. hatten die Portugiesen die Araber aus dem Ostafrikahandel verdrängt.

Die Völker Westafrikas

Als sich die portugiesischen Entdecker entlang der westafrikanischen Küste in immer südlichere Gefilde wagten, trafen sie Menschen, die in großen und mächtigen Reichen lebten. Man weiß wenig über sie, da es nur eine mündliche und keine schriftliche Überlieferung gab. Diverse Gegenstände – wie diese »Ausweis-Masken« der Dan, eines Volks aus dem Gebiet des heutigen Liberia – geben Aufschluss über das Leben der Menschen dort. An großen Flüssen hatten sich bereits Jahrhunderte zuvor große Städte entwickelt, wie Jenne und Gao am Niger. Diese Städte wurden Teil des Mali-Reiches, das sich weit ins Innere Afrikas ausdehnte. Ende des 15. Jh. wurde Mali vom Songhay-Reich, dessen Zentrum weiter im Nordosten lag, erobert. Mit diesen Reichen hatten die Portugiesen allerdings weniger zu tun. Mit anderen unterhielten sie Handelsbeziehungen; dazu gehörten der Staat der Akan, dessen früheres Territorium im modernen Ghana liegt, und Benin (im Süden des modernen Nigeria).

... Die Erforschung Afrikas

Die Portugiesen waren nicht daran interessiert, das Innere Afrikas zu erkunden. Waren aus dem Hinterland bezogen sie von afrikanischen Kaufleuten und sie hofften immer noch, den westlichen Seeweg nach Indien zu finden. Dann würden die afrikanischen Häfen wertvolle Stützpunkte sein. Im Jahre 1482 beauftragte König Johann II. Diego Cão mit der Suche. Auch er entdeckte nicht den Weg nach Indien. Afrika erwies sich als ein wesentlich größerer Kontinent als bisher angenommen. Bartholomëu Diaz endlich umsegelte 1488 die Südspitze Afrikas. Er war mit zwei Karavellen und einem zusätzlichen Proviantschiff entlang der westafrikanischen Küste wesentlich weiter gesegelt als je ein Europäer vor ihm.

Bartholomëu Diaz
Ein Sturm hatte Diaz' Schiffe so weit ins offene Meer getrieben, dass das Land nicht mehr sichtbar war. Als der Sturm sich legte, segelte Diaz nordwärts und stellte fest, dass die Küste nicht rechts wie erwartet, sondern links von ihm lag. Ohne es zunächst zu merken, hatte er die Südspitze Afrikas umrundet.

Portugiesische Forts

Die Portugiesen drangen nicht ins Innere Afrikas vor und gründeten zunächst auch noch keine Siedlungen. Um aber die Stützpunkte ihres Handelswegs nach Asien zu schützen, bauten sie an der Küste eine Reihe von Festungen. Sie dienten als Lager für Vorräte, schützten die vor Anker liegenden Schiffe und sollten Konkurrenten anderer Nationalitäten abschrecken.

Sklavenhandel

Sklaven und Gold standen im Mittelpunkt des Afrikahandels. Von den Akan erstanden die Portugiesen große Mengen an Gold, das aus den Flüssen im Innern Afrikas stammte. Bezahlt wurde mit Sklaven, die die Portugiesen entweder selbst gefangen genommen oder in Benin erworben hatten. Viele Sklaven wurden auch nach Portugal gebracht und dort verkauft.

Das Kap der Guten Hoffnung

Bartholomëu Diaz wollte die Südspitze Afrikas »Cabo Tormentoso«, Kap der Stürme, nennen. König Johann II. gefiel der Name nicht, weil er zu düster klang; er taufte es »Kap der Guten Hoffnung«, weil es der Hoffnung, endlich den neuen Seeweg nach Indien zu finden, neue Nahrung gab.

– Zeittafel –

1502
Kolumbus bricht zu seiner vierten und letzten Amerikareise auf.

1506
Kolumbus stirbt in Valladolid.

1509
Bei der Schlacht von Diu wird die arabische Flotte von den Portugiesen vernichtend geschlagen.

1510
Alfonso de Albuquerque erobert Goa.

1511
Alfonso de Albuquerque erobert Malakka.

1513
Die Portugiesen erreichen China.

1524
Vasco da Gama wird zum Vizekönig von Indien ernannt. Im selben Jahr stirbt er und wird in Cochin in Indien beigesetzt.

1530
Die Portugiesen gründen Handelsposten in Bombay und Sri Lanka.

Die Schätze Indiens

Bartholomëu Diaz wurde damit beauftragt, die Schiffe für die Reise von Vasco da Gama vorzubereiten. Er sorgte für einen Vorrat an Falkenglöckchen, Ringen, Stoff und Olivenöl – alles Dinge, die sich im Handel mit Afrika bisher bewährt hatten. Er bedachte aber nicht, dass die indischen Herrscher diese Geschenke vielleicht nicht besonders beeindruckend finden würden (siehe Seite 27 unten). Das Bild rechts zeigt andeutungsweise die Vielfalt indischer Lebensmittel.

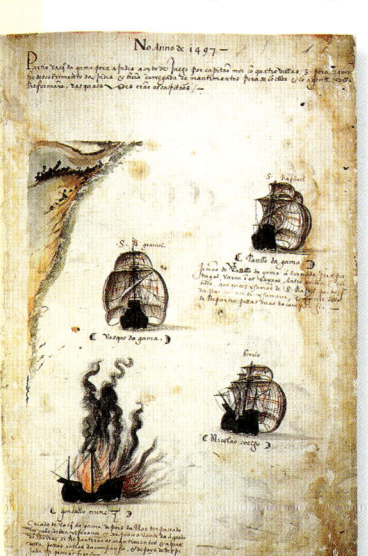

Vasco da Gamas Schiffe

Vasco da Gama hatte eine Flotte von vier Schiffen unter seinem Kommando: die San Gabriel, die São Rafael, die Barrio und ein namenloses Proviantschiff, das Lebensmittel und Trinkwasservorräte für drei Jahre mitführte. Die Schiffe verließen am 8. Juli 1497 Lissabon. Auf der Abbildung links ist der Brand des Proviantschiffs dargestellt. Da Vasco da Gama befürchtete, dass seine Männer verhungern müssten, wenn es abhanden kam, ließ er die Vorräte auf die anderen drei Schiffe umladen und das Proviantschiff anzünden.

Besitzergreifung

In den Laderäumen von Vasco da Gamas Schiffen befanden sich auch Steinkreuze. Sie wurden an der Küste auf erhöhten Stellen als Wegmarkierungen aufgestellt. Außerdem dienten sie als Markierung, wenn Vasco da Gama im Namen des portugiesischen Königs Land in Besitz nahm. Dieses Kreuz (rechts) steht in Malindi (heutiges Kenia). Die arabischen Händler in Ostafrika waren über Vasco da Gamas Besuch nicht erfreut.

Indien und der Indische Ozean ...

Die Portugiesen bauten nicht nur Festungen, um ihren Handelsweg nach Ostasien zu schützen. Im Jahre 1494 unterzeichneten Spanien und Portugal den Vertrag von Tordesillas, der die Welt zwischen diesen beiden Ländern aufteilte. Spanien erhielt dadurch die Herrschaft über alle nichtchristlichen Länder westlich einer gedachten Linie, die sich durch den Atlantik zog. Portugal durfte über alle Länder östlich davon herrschen. Damit blieb der Seeweg von Afrika nach Asien allein den Portugiesen vorbehalten. Nach Bartolomëu Diaz' Umseglung des Kaps der Guten Hoffnung sollte es aber noch zehn Jahre dauern, bis portugiesische Schiffe endlich auf dieser Route Indien erreichten. Manuel I., der neue König von Portugal, vertraute die erste Expedition nach Indien Vasco da Gama an.

Da Gama ——— Cabral ———

Vasco da Gama

Über die frühen Jahre von Vasco da Gama ist wenig bekannt. Er wurde um 1469 geboren, war als junger Mann Soldat und wurde von portugiesischen Seefahrern in der Navigation unterwiesen. Die Beherrschung dieser Kunst machte ihn zusammen mit seiner militärischen Ausbildung und seinen Führungsqualitäten zu einem geeigneten Leiter für die erste portugiesische Expedition nach Indien.

Überredungskunst

Vasco da Gama musste weit hinaus in den Atlantik segeln, um Wind zu bekommen, der ihn nach Osten bringen würde. Dreizehn Wochen lang waren sie auf hoher See. Einige seiner Männer glaubten, sie würden nie wieder Land sichten. Sie meuterten und versuchten Vasco da Gama zu zwingen umzukehren, aber er überzeugte sie, dass sie bald wieder in Landnähe sein würden. Die Anstifter der Meuterei wurden gefangen genommen und in Ketten gelegt.

... Indien und der Indische Ozean

Als Vasco da Gama den ostafrikanischen Hafen von Malindi erreichte, erblickte er dort vier Schiffe eines Typs, den er noch nie gesehen hatte. Es waren die Schiffe indischer Händler. Der Sultan von Malindi war ihm freundlich gesonnen und bot ihm Unterstützung für seine weitere Reise. Als Vasco da Gama sich anschickte, den Indischen Ozean zu überqueren, hatte er einen Lotsen namens Ahmed ibn Majid an Bord. Mit seiner Hilfe dauerte die Fahrt nur 23 Tage. Am 20. Mai 1498 trafen sie in Calicut ein, dem wichtigsten Handelszentrum in Südindien. Der östliche Seeweg nach Indien war gefunden.

Der Beschuss von Calicut

Nach Vasco da Gamas Abreise wurde Pedro Cabral nach Calicut entsandt. Er gründete dort einen Handelsposten, ließ einige portugiesische Händler zurück und fuhr wieder nach Portugal. Muslime aus Calicut griffen den Handelsposten an und töteten alle, die sie dort fanden. Vasco da Gama wurde beauftragt, Rache zu nehmen. Als er Calicut im Jahre 1502 wieder erreichte, beschoss er die Stadt mit Kanonen. Von da an kontrollierten portugiesische Truppen den Indienhandel.

Hindus oder Christen?

Bevor Vasco da Gama nach Indien kam, wussten die Europäer nichts über den Hinduismus, die Hauptreligion in Indien. Als Vasco da Gama das erste Mal einen Hindutempel sah, hielt er ihn für eine Kirche. Er glaubte, eine Göttinnenstatue wie die hier abgebildete (links) wäre ein Bildnis der Madonna und Gemälde der Götter wären Heiligenbilder. Als er nach Hause zurückkam, erzählte er von den indischen Christen.

Rückkehr nach Portugal

Vasco da Gama hatte in Calicut am 29. August 1498 Segel gesetzt und beschlossen, die Küste Ostafrikas zu meiden. Die lange Reise ohne Nachschub an frischen Lebensmitteln wirkte sich auf die Mannschaft verheerend aus. Als Vasco da Gama im September 1499 in Lissabon ankam, lebten nur noch 54 der ursprünglichen 170 Mann Besatzung. König Manuel I. hieß Vasco da Gama willkommen (linkes Bild) und war, trotz der Verluste, über den Triumph Portugals überglücklich. Die spanische Konkurrenz war nun geschlagen.

Aufbau eines Weltreichs

Von Zentren wie Goa (nördlich von Calicut) und dem wieder aufgebauten Calicut (links) aus begannen die Portugiesen, einen asiatischen Handelsweg nach dem anderen unter ihre Kontrolle zu bringen. Nach China kamen sie 1513, nach Japan 1542. Sie wussten, dass viele der Gewürze, die in Indien gehandelt wurden, aus Südostasien stammten, und wollten auch diese Seewege ihrem Machtbereich einverleiben. Im Jahr 1511 nahm Alfonso de Albuquerque den muslimischen Hafen Malakka ein, der strategisch die Straße von Malakka beherrschte. Von hier aus war es nicht weit bis zu den Gewürzinseln.

Kampf um die Herrschaft

König Manuel I. beauftragte zwei Offiziere, Alfonso de Albuquerque und Francisco de Almeida, die portugiesische Herrschaft im Indienhandel durchzusetzen. De Almeida griff die arabischen Händler an der ostafrikanischen Küste an, die Vasco da Gama Schwierigkeiten bereitet hatten. Die arabischen Rudergaleeren konnten es mit den portugiesischen Schiffen nicht aufnehmen, und in der Schlacht von Diu wurde die gesamte arabische Flotte zerstört. Goa wurde 1510 von Alfonso de Albuquerque eingenommen. Er brannte die Stadt nieder und erbaute eine neue. Das Foto links zeigt ein Gebäude in Goa im portugiesischen Stil.

Ankunft in Calicut

Der Herrscher von Calicut trug den Titel »Zamorin«. Vasco da Gama besuchte ihn und breitete die mitgebrachten Geschenke vor ihm aus. Der Zamorin erkannte die Gegenstände als billigen Tand und war beleidigt. Vasco da Gama durfte nun zwar Handel treiben, konnte aber mit den Arabern nicht konkurrieren. Er verbrachte drei Monate in Calicut, ohne größere Geschäfte zu tätigen. Nach einem Streit mit dem Zamorin über Steuern beschloss er, nach Portugal zurückzukehren.

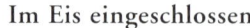

Im Eis eingeschlossen

Willem Barents war ein holländischer Seefahrer, der ebenfalls hoffte, nach Asien zu kommen, indem er Russland umsegelte. Er unternahm drei Reisen in den hohen Norden. 1596, auf der dritten Reise, wurde sein Schiff im Eis eingeschlossen und Kapitän und Besatzung mussten es verlassen.

Willoughbys Ende

Als Willoughby Kurs in Richtung Norden nahm, trennte ein starker Wind die drei Schiffe. Willoughby fand später eines wieder, das von Chancellor befehligte aber blieb verschwunden. Er segelte weiter nach Lappland. Es wurde kälter und das Eis im Wasser hemmte ihre Fahrt. Willoughby beschloss, den Winter in der Arktis zu verbringen. Hier starben er und seine Männer an Kälte und Skorbut.

Bogenschützen

Die ersten Abenteurer, die Nordrussland erkundeten, waren überrascht, in der arktischen Zone Menschen zu begegnen. Die Samojeden waren ein Nomadenvolk, das mit seinen Rentierherden im Sommer nach Norden und im Winter nach Süden in die etwas weniger kalte sibirische Tundra zog. Heute leben in Sibirien etwas weniger als 50 000 Samojeden.

– Zeittafel –

1534
Jacques Cartier sucht nach der Nordwestpassage.

1542
Die Portugiesen erreichen Japan.

1551
Englische Kaufleute gründen eine Gesellschaft, die die Suche nach der Nordostpassage finanzieren soll.

Gefährliche Arktis

Die Entdecker auf der Suche nach der Nordostpassage begegneten ähnlichen Gefahren wie jene, die nach der Nordwestpassage suchten. Im arktischen Winter fror das Meer zu und die Schiffe konnten vom Eis zerquetscht werden. Bei wärmerem Wetter waren Packeis und Eisberge eine ständige Bedrohung. Wer sich aufs Eis wagte, musste sich vor Eisbären in Acht nehmen.

Überwintern

Barents und seine Mannschaft verließen das Schiff, das vom Eis zerquetscht zu werden drohte, und wanderten über das Eis zur Insel Nowaja Semlja. Dort bauten sie sich aus Holz von ihrem Schiff ein Winterquartier. Das Fett erlegter Eisbären nutzten sie als Lampenöl. Im Frühling kehrten sie in den Rettungsbooten nach Lappland zurück.

Rund um Russland – die Nordostpassage

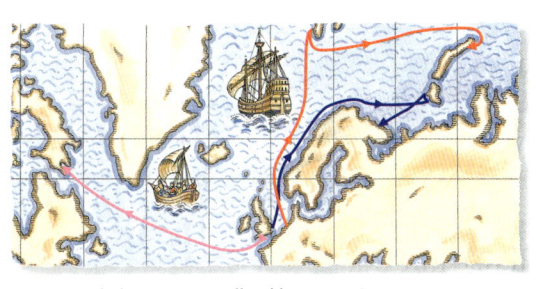

Frobisher —— *Willoughby* —— *Barents* ——

Die Engländer waren sich inzwischen klar darüber, dass Spanien und Portugal den Handel mit Ostasien an sich gerissen hatten. Vasco da Gama hatte nach seiner Ostumsegelung Afrikas 1498 Indien erreicht und Magellan war 1519 bis 1521 von Westen her nach Asien gesegelt. Alle Versuche der Engländer und Franzosen, einen Seeweg im Norden Amerikas zu finden, waren ergebnislos verlaufen. Nun wollte man in Nordrussland danach suchen. Ende 1551 gründete eine Gruppe englischer Kaufleute eine Handelsgesellschaft, um die Suche nach einer neuen Asienroute zu finanzieren. Sebastian Cabot, der Sohn von John Cabot, wurde ihr Gouverneur. Die Expedition stand unter dem Befehl von Sir Hugh Willoughby. Richard Chancellor, seine rechte Hand, war als guter Navigator bekannt. Die Expedition verließ London am 10. Mai 1553.

Iwan der Schreckliche

Als Richard Chancellor von Willoughby getrennt wurde, segelte er weiter, bis er die Küste Russlands erreichte. Er wurde freundlich aufgenommen, nach Moskau gebracht und dem Zaren vorgestellt. Den Namen »der Schreckliche« trug Zar Iwan IV. wegen seines Verhaltens gegenüber seinen Untertanen. Zu Chancellor aber war er sehr zuvorkommend und nahm die Begegnung zum Anlass, Handelsbeziehungen mit England aufzubauen. Englische Gewehre und Stoffe wurden gegen russische Pelze und Tierfette eingetauscht.

Entdecker der Neuzeit

Nachdem sie neue Kontinente oder neue Teile bereits bekannter Kontinente entdeckt hatten, machten sich die Europäer daran, sie genauer zu erkunden. Die Entdecker, die nach Kolumbus und Vasco da Gama kamen, hatten die unterschiedlichsten Beweggründe. Manche von ihnen wollten Neues sehen und sich in gefährlichen Situationen beweisen. Andere wollten Land und Reichtümer besitzen oder für ihre Könige in Besitz nehmen. Dann gab es noch die Missionare, die den christlichen Glauben verbreiten wollten. Die meisten Entdecker Nordamerikas waren Briten oder Franzosen, während die weitere Entdeckung Südamerikas und Westindiens fast ausschließlich den Spaniern und Portugiesen überlassen blieb.

Amerigo Vespucci

Amerigo Vespucci (1451–1512) behauptete, viermal in die Neue Welt gesegelt zu sein, aber nur zwei dieser Reisen sind belegt. Seine Reiseberichte waren sehr bekannt, und der deutsche Kartograph Martin Waldseemüller benannte in seiner Weltkarte von 1507 den neuen Kontinent nach Vespuccis Vornamen.

William Dampier

Dampier wurde 1651 in England geboren. Als junger Mann fuhr er u. a. nach Neufundland. Im Jahre 1698 führte er eine wissenschaftliche Expedition in die Gewässer südlich von Asien, zur Westküste von Australien und zu den indonesischen Inseln.

Henry Hudson

Auch Hudson suchte einen Weg nach Indien. Seine erste Reise unternahm er 1607 zur Auffindung der Nordostpassage, aber sein Schiff blieb im Eis stecken. Auf seiner vierten Reise 1610, auf der er die Nordwestpassage finden wollte, versuchte er den eisigen Winter in einer Bucht zu verbringen, die nach ihm benannt wurde. Die Mannschaft meuterte später und setzte ihn in einem Beiboot aus. Er wurde nie wieder gesehen.

Thomas Cavendish

Dem Engländer Thomas Cavendish glückte als drittem Seefahrer eine Weltumseglung. Er stach im Juli 1586 mit drei Schiffen in Plymouth in See. Er erkundete die Küste Argentiniens und fuhr dann durch die Magellanstraße; anschließend durchquerte er den Pazifischen Ozean. 1588 kehrte er nach England zurück. Er starb 1592 nach einem gescheiterten Versuch, die Magellanstraße zu durchqueren.

Animum fortuna sequatur

Das Schiff von Juan Fernandez

Der spanische Seefahrer Juan Fernandez segelte 1563 von Callao in Peru nach Valparaíso in Chile, was von Zeitgenossen als wagemutige Tat angesehen wurde. Im Jahre 1574 entdeckte er mehrere pazifische Inseln. Es gibt Hinweise darauf, dass er 1576 Australien und Neuseeland erreichte.

– Zeittafel –

1553
Sir Hugh Willoughby und Richard Chancellor verlassen London, um die Nordostpassage zu suchen. Willoughby stirbt und Chancellor begegnet Iwan dem Schrecklichen.

1569
Spanien geht siegreich aus einem Krieg mit Portugal um die Philippinen hervor.

1576
Martin Frobisher sucht nach der Nordwestpassage.

1577
Auf seiner zweiten Reise sucht Frobisher nach Gold.

1578
Frobisher bricht zur dritten und letzten Goldsuche auf.

1596
Willem Barents sucht nach der Nordostpassage und verbringt den Winter auf Nowaja Semlja.

1608
In Kanada wird die französische Kolonie Quebec gegründet.

Samuel de Champlain

Samuel de Champlain war der Sohn eines französischen Kapitäns. Zwischen 1603 und 1616 fuhr er zwölfmal nach Nordamerika. Er kartierte weite Teile der kanadischen Atlantikküste und entdeckte den Sankt-Lorenz-Strom. 1608 gründete er die Siedlung Quebec, die zur Hauptstadt der französischen Siedler in Kanada werden sollte. Später entdeckte er den Fluss Ottawa und die Seen Champlain, Ontario und Huron.

Schon gewusst ...?

... dass der Islam durch arabische Gelehrte und Händler nach West- und Ostafrika kam? Vor und auch noch nach der Ausbreitung des Islam gab es viele verschiedene Religionen in Afrika. Im 7. und 8. Jh. wurde zuerst Nordafrika muslimisch. Dann verbreitete sich die Religion in der Sahara und in der südlich angrenzenden Steppe, dem Sahel, durch die Handelskontakte, die jahrhundertelang zwischen dem Mittelmeerraum und Afrika südlich der Sahara bestanden. Ostafrika wurde schon früh von arabischen Kaufleuten aufgesucht, die sich dort niederließen und ihre Religion mitbrachten.

... dass Goa die erste europäische Niederlassung in Asien war? Dieser Handelsposten wurde zur portugiesischen Hauptstadt in Indien. Es war auch die letzte indische Region, die unabhängig wurde: Indien erlangte die Unabhängigkeit von England 1947, Goa jedoch wurde erst 1961 an Indien zurückgegeben. Goa findet man heute auf der Landkarte unter dem Namen Panaji. Es liegt in der Mitte der Westküste Indiens.

... dass sich Engländer und Holländer nicht an den Vertrag von Tordesillas hielten? Diese beiden Länder schickten Expeditionen in Regionen, die nach diesem Vertrag bereits Spanien oder Portugal gehörten. Der Vertrag war 1494 von Papst Alexander IV. für diese beiden katholischen Länder aufgesetzt worden. Da die Niederlande und später auch England protestantisch wurden und die päpstliche Autorität nicht mehr anerkannten, sahen sie den Vertrag für sich nicht als bindend an.

... dass die europäischen Entdecker am Sklavenhandel beteiligt waren? Ab den 40er-Jahren des 15. Jh. nahmen die Portugiesen auf ihren Expeditionen in Westafrika Menschen gefangen, brachten sie nach Portugal und verkauften sie dort als Sklaven. Die Europäer glaubten das Recht zu haben, Nichtchristen als Sklaven zu halten. Bald aber wussten die Westafrikaner, was ankommende portugiesische Entdecker vorhatten, und wehrten sich. Nun mussten die Portugiesen die Sklaven von afrikanischen Händlern kaufen.

... dass man nicht sicher sagen kann, wo Kolumbus begraben liegt? Kolumbus starb am 20. Mai 1506 in seinem Haus in Valladolid in Spanien. 1513 wurden seine sterblichen Überreste in ein Kloster in Sevilla gebracht. Im Jahre 1542 brachte man sie dann nach Hispaniola, wo sie in der Kathedrale von Santa Maria in Santo Domingo beigesetzt wurden. Es wird aber auch behauptet, Kolumbus sei in Havanna oder in der Kathedrale von Sevilla bestattet worden.

Die Deutsche Bibliothek – CIP-Einheitsaufnahme

Kolumbus / von Colin Hynson. Aus dem Engl. von Cornelia Panzacchi. - München : Ars-Ed., 2001
(Wissen der Welt) Einheitssacht.: Columbus & the renaissance explorers <dt.> ISBN 3-7607-4708-6

Copyright © 2001 für die deutsche Ausgabe: arsEdition, München
Aus dem Englischen von Cornelia Panzacchi
Redaktion: Bettina Gratzki, Magda-Lia Bloos
Umschlaggestaltung der deutschen Ausgabe: Eva Schindler
First Published in Great Britain by ticktock Publishing Ltd.
Titel der Originalausgabe: »Columbus & the Renaissance Explorers«
© 1998 ticktock Publishing Ltd.   Alle Rechte vorbehalten
Printed in Belgium · ISBN 3-7607-4708-6

Danksagung: Der Verlag bedankt sich bei Graham Rich, Peter Done, John Guy, Val Garwood und Elizabeth Wiggans für ihre Mithilfe
und bei David Hobbs für die Erstellung der Weltkarte.

Bildnachweis: o = oben, u = unten, M = Mitte, l = links; r = rechts, Uv = Umschlag vorne, Uh = Umschlag hinten

AKG (London): Uh & 1or & 26/27Mu, 27ur, Uv & 26M; Ann Ronan bei Image Select: 2ul, 2/3uM, 5or, 9u, 11r, 13ur, Uh & 14ul, 16ol, Uh & 28ol, 28or, 28ul, Uv & 28/29Mu, 28M, 28r, Uv & 30ul, 30r; Archivo Fotografico – Spanien: 6or, 12l; Asia: 6Mu, 7or, 31M; The Bridgeman Art Library: Uv; Bridgeman/Giraudon (Frankreich): 16/17M, Uh & 17u; British Museum: 3ur; Chris Fairclough/Image Select: 10Mu, 18/19M, 26/27M; Fotomas Index: 6ol; Giraudon (Frankreich): 1ur, 2ol, 2/3M, 2Mu, 3r, 4ol, 4/5, 5Mo, 6M, 8/9Mo, 13or, 14/15Mo, Uv & 19or, 24M, 24or; Image Select: Uh & 3o, 3or, 6/7Mu, 9M, 15or, 16ol, 21ur, 20l, 20u, Uv & 20/21M, 23or, 31ur, 32M; Institut Amatller d'Art Hispanic (Spanien): 10/11M, 0ul & 12/13M, 22ol; Mary Evans: 1ol, Uh & 8Ml, 10/11Mu, 24/25Mu, 27ol, 26ul, 29r, 30ol, Uh & 30/31M; Mary Rose Trust: 14ol; National Maritime Museum: Uh & 15ur, 25ur; Pix: 10ol, 16or; Planet Earth Pictures: 18ul, 22/23; Science Photo Library: 18/19M; Spectrum Colour Library: 5ol, 8ul, 9or, 17Mr, 21or, 22/23Mo; Trip/Darren Maybury; 12Mu; Werner Forman Archive: 24u, 26ol

Der Verlag hat sich bemüht, alle Rechteinhaber zu ermitteln. Sollte dies in Einzelfällen bedauerlicherweise nicht gelungen sein, wird die fehlende Angabe in der nächsten Auflage ergänzt.

Register

A

Afrika 3, 6, 20–23, 25, 26, 32
Ahmed ibn Majid 26
Akan 21, 23
Albuquerque, Alfonso de 24, 27
Almeida, Francisco de 27
Amerika 10–13, 16–19, 30–31
Araber 21, 24
Arawak 8
Argentinien 31
Arktis 28
Asien 3, 5, 7, 10, 16, 18, 20, 25, 28, 30, 32
Äthiopien 21
Atlantischer Ozean 11, 16
Australien 30, 31
Azoren 9, 20

B

Baffin-Insel 16, 19
Bahamas 8
Barcelona 9, 11
Barents, Willem 28, 31
Benin 21, 23, 32
Bobadilla, Francisco de 12
Bombay 24
Brasilien 10, 19, 32

C

Cabot, John 16, 18
Cabot, Sebastian 29
Cabral, Pedro 19, 26, 32
Calicut 19, 26, 27
Callao 31
Cão, Diego 6, 22
Cartier, Jacques 18, 28
Cavendish, Thomas 31
Champlain, Samuel de 31
Champlainsee 31
Chancellor, Richard 28, 29
Chile 31
China 3, 4, 9, 24, 27, 31
Christentum 2, 6, 26
Costa Rica 12

D

Dampierre, William 30
Davis, John 15
Diaz, Bartholomëu 10, 22, 23, 25
Diu, Schlacht von 24, 27

E

England 17, 18, 19, 32

F

Ferdinand, König von Spanien 6, 68, 10–13, 17

Fernandez, Juan 31
Fischhandel 19
Frankreich 17, 18, 19
Frobisher, Sir Martin 16, 19, 31

G

Gama, Vasco da 2, 6, 16, 19, 24–27, 32
Genua 3, 4
Gewürzhandel 3, 20, 27
Ghana 20, 21
Goa 24, 27, 32
Gold 7, 11, 12, 18, 20, 23, 31
Grönland 16

H

Heinrich der Seefahrer 3, 20
Heinrich VII., König von England 16
Hinduismus 26
Hispaniola (Haiti) 9, 13
Honduras 12
Hudson, Henry 30
Huronen 18
Huronsee 31

I

Indien 4, 24, 25, 26
Indonesien 30
Inuit (Eskimo) 16, 17
Isabela 11, 13
Isabella, Königin von Spanien 68, 10–13, 17
Iwan der Schreckliche, Zar von Russland 29, 31

J

Jamaika 11
Japan 27, 28
Juden 6
Johann I., König von Portugal 20
Johann II., König von Portugal 5, 6, 7, 22
Juan, Prinz 13

K

Kanada 16–18, 29, 30–31
Kanarische Inseln 8
Kap der Guten Hoffnung 10, 23
Kap Verde 20
Kenya 24
Kolonisation 19
Kolumbus, Bartholomé 13
Kolumbus, Christoph 2–7, 17, 19
  1. Reise 89
  spätere Reisen 10–13,

16, 24
Kolumbus, Diego 13
Kongo (Fluss) 20
Kreuzzüge 2
Kuba 9, 11

L

Lappland 28
Liberia 21
Lissabon 5, 26

M

Madeira 20
Magellan, Ferdinand 15, 16, 29
Magellanstraße 31
Malakka 24, 27
Mali, Königreich 21
Malindi 24, 26
Manuel I., König von Portugal 25, 26, 27
Marokko 20
Mauren 7, 20
Meuterei 8, 25
Mexiko, Golf von 12
Muslime 2, 7, 20, 26, 32

N

Navidad 9
Navigation 14, 15
Neufundland 19, 30
Neuseeland 31
Nicaragua 12
Niederländer, Reisen der 32
Niger (Fluss) 21
Nina (Schiff) 9
Nordostpassage 28, 29, 30, 31
Nordwestpassage 16, 17, 18, 28, 30, 31
Nowaja Semlja 28, 31

O

Ontariosee 31
Orinoko (Fluss) 10
Ottawa (Fluss) 31

P

Palos 4, 9
Panama 12
Pelzhandel 18, 19
Peru 31
Philippinen 31
Pinta (Schiff) 9
Pinzón, Martin Alonzo 8, 9
Polo, Marco 3, 5
Port Desire 31
Port Royal 19
Portugal 20, 31
  und Afrika 3, 20–24

und Amerika 18–19
und Kolumbus 4, 5, 6, 7
und der Osten 25–29, 32
Priester Johannes 20
Ptolemäus 3

Q

Quebec 19, 31

R

Reconquista 7
Russland 28, 29

S

Sahara 32
Samojeden 28
San Salvador 8, 10
Santa Maria (Schiff) 9
Schiffe 13, 14
Seidenhandel 3
Sevilla 13
Sklavenhandel 23, 32
Songhay, Königreich 21
Spanien 17, 18, 20, 25, 26, 31
  und Kolumbus 4, 6–7, 10, 12
Sri Lanka 24

T

Talavera Hernando de 6, 8, 10
Teneriffa 8
Tordesillas, Vertrag von 16, 25, 32
Trinidad 10

U

Urban II., Papst 2

V

Valladolid 13, 24
Valparaiso 31
Venezuela 10, 12
Vespucci, Amerigo 30
Vulkane 8, 9

W

Westindien 11, 13, 30
  Ostrouten 20, 22, 25, 32
  Westrouten 8, 10, 18
Willoughby, Sir Hughes 28, 29

Z

Zinn 19